图说武当秘技系列

武当绝技连环腿

刘斌　著

人民体育出版社

图书在版编目（CIP）数据

武当绝技连环腿 / 刘斌著. -- 北京：人民体育出版社, 2023
（图说武当秘技系列）
ISBN 978-7-5009-6179-6

Ⅰ. ①武… Ⅱ. ①刘… Ⅲ. ①腿击法(武术)—基本知识 Ⅳ. ①G852.4

中国版本图书馆CIP数据核字(2022)第097861号

*
人民体育出版社出版发行
北京中科印刷有限公司印刷
新 华 书 店 经 销
*
880×1230 32 开本 8.125 印张 207 千字
2023 年 2 月第 1 版 2023 年 2 月第 1 次印刷
印数：1—3,000 册
*
ISBN 978-7-5009-6179-6
定价：30.00 元

社址：北京市东城区体育馆路 8 号（天坛公园东门）
电话：67151482（发行部） 邮编：100061
传真：67151483 邮购：67118491
网址：www.psphpress.com
（购买本社图书，如遇有缺损页可与邮购部联系）

丛书绘图组

高　翔　　丁亚丽

高　飞　　郭成敏

高　绅　　李梦瑶

总　序

2017年，中共中央办公厅、国务院办公厅印发了《关于实施中华优秀传统文化传承发展工程的意见》（以下简称《意见》），并发出通知，要求各地区各部门结合实际认真贯彻落实，体现了党和政府对中华优秀传统文化的重视。

在国民教育方面，《意见》提出，加强中华优秀传统文化相关学科建设，重视保护和发展具有重要文化价值和传承意义的“绝学”、冷门学科。在保护传承文化遗产方面，《意见》提出，推动民族传统体育项目的整理研究和保护传承。

中华武术有着数千年的发展历史，是中华民族在社会实践中创造的宝贵财富，是中华文化的重要组成部分。武当武术作为“内家之宗”，在武术爱好者中具有较高的认知度。正是基于此，我们策划了这套“图说武当秘技系列”丛书。

本套丛书种类齐全，既有养生法，又有技击术，还有大力功，精心选取与展现了丰富多彩的武当诸派秘技；注重练法，注重实效，突出“图说”，简明扼要，便于阅读和学习。丛书编写者都是武当武术相关的专家、学者、教授，他们既有自身体验，又有教学经验，既有很高的技术水平，又有很深的学术造诣。当然，不足之处在所难免，欢迎读者批评指正，以利今后进一步充实与完善。

内容提要

1. 浑元派，拳宗内家，阴阳相合，劲修浑元。大力浑元腿，招法精湛，简单实用，劲足势猛，杀伤力强。

2. 八仙腿法，古朴实用，见缝插针，注重暗腿阴劲，讲究突击奇袭。其“迷魂十二腿”非常有名，踢敌要害，招招凌厉。

3. 武当九宫腿，内家秘技，十八腿击，九宫之变，神出鬼没。见机即踢，腿法凌厉，腿腿相连，令敌防不胜防。

4. 玄武十二腿，象形取义，阴阳相兼，招招实用。收如龟伏，蓄势待发；动若蛇奔，突然出击；一动连发，跟踪追击。

5. 洪门实战腿法，以“秋风扫落叶”为典型代表，“我踢如疾风，敌中如落叶”，招法厉害，威猛强劲，铁腿扫荡，当者披靡。

6．猿仙通臂透骨腿，“两手练牵缘（猿手），两脚踢连环。灵捷如射镖，放长去击远。奇袭奔要害，透骨敌胆寒”。

7．太虚追风腿，技击性很强，腿如追风，迅疾突然，连环不断，凌厉难挡，防身自卫，堪称妙招。

8. 乾坤搜裆锁喉腿，上锁咽喉下搜裆，一上一下，有阴有阳，招法多变；攻击犀利，专寻要害，实用高效。

9. 内家猿猴十八腿，“起腿缠绕盘丝劲，撩扫蹬弹踢连环。疾如闪电敌难挡，莫测端倪赛灵猿”。

10. 武当派有很多龙拳，模拟龙形，象形取义，练形成技。龙形飞腿，先发制人，抢机急进，凌空发力，脚到敌废。

目 录

第一章

武当大力浑元腿（十五腿）

据传，元末明初，时有剑客毕坤（字云龙），隐居武当山，创立“浑元派”，著有《浑元剑经》传世。

何谓浑元？《浑元剑谱》（抄本）：“夫浑者，含也。元者，玄也。其中有势含招，招含力；身含步，步含足；肩含肘，肘含手，各有之妙，非浑而何。势、招，身、步、足，肩、肘、手，各有其玄。玄玄相应，生生无穷，非元而何。阅之浑元之说，乃有不期而至之神机，不虑而得之法势，不思而至之妙招，不演而当之法力。手手虚实相兼，步步奇偶相济，高低上下，前后左右，随心向往，有非人力所能致者也。”

浑元派，拳宗内家，阴阳相合，劲修浑元。其阴为反弹劲，可抗打防身。其阳为爆发劲，可发劲伤敌。阴阳合一劲，浑元成一体。“是元者，三才总会之地。元即太极，即太和之气，即先天也。故必浑含以先天太和之气，合三才于一致，以内外交修，直养时习，练至体用浑化，寂感而通，始足以称之浑”。

身上练成浑元劲，即可临敌技击，所谓由内及外，由劲见招。“浑元练至通灵后，一撒通身皆是手”，远使腿踢近手打，靠身擒拿加肘膝，一动全身皆是招。

本章专讲其大力浑元腿，共选15招，招法精湛，简单实用，劲足势猛，杀伤力强。

一、白马蹶蹄

【实战分解】

1. 敌方移步进身，右脚勾踢我方左脚跟。我方重心移于右腿，左脚虚提，化解敌方右脚勾劲。（图1–1）

图1–1

2. 上动不停，我方左脚借势，拧腰转胯，脚跟发力，撩踢敌方裆部。（图1–2）

图1–2

二、白蛇卷尾

【实战分解】

1. 敌方跨步进身，右腿踹击我方裆部。我方迅疾向右挪身，左腿提起，脚掌发力，拦截敌脚。（图1–3）

图1–3

2. 上动不停，我方右脚向前跳进一步，左腿顺势蹬击敌方腹部，将其踢倒。（图1–4）

图1–4

三、毒蝎搜裆

【实战分解】

1. 敌方右脚上步，右拳击打我方脸部。我方两拳提起，护于脸部，向左拧身，避过敌拳。（图1–5）

图1–5

2. 上动不停，我方急速向左倒身，两手按地，左膝蜷曲贴地；同时，右脚侧弹敌方裆部。地躺腿踢，出其不意，防不胜防，杀伤力强。（图1–6）

图1–6

四、滚堂绞剪

【实战分解】

1. 敌方抢步上前，双拳连环冲击我方。我方见敌方势猛，很难招架，迅疾后闪，向左卧地，避过敌劲锋芒；同时，我方左腿贴地右伸，右腿左伸，置于敌方左脚两翼，蓄势待发。（图1–7）

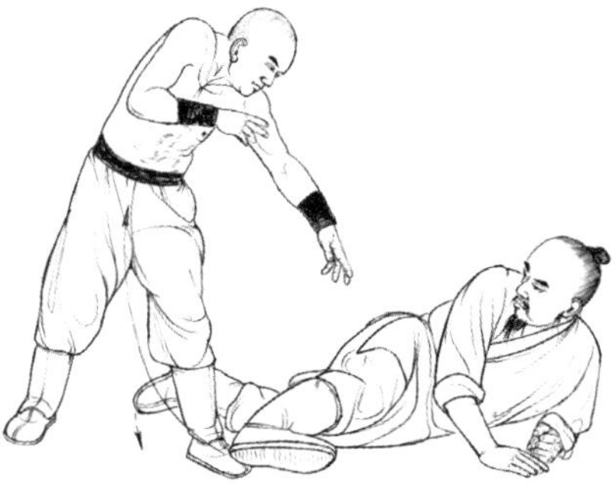

图1–7

2. 随即，我方两腿迅速绞剪发力，左脚勾贴敌方左脚后跟，右腿反扫敌方裆部，致其后倒。（图1–8）

图1–8

五、铁鞭扫堂

【实战分解】

1. 我方左拳向前虚晃，佯攻敌方上盘，右脚弹踢敌方裆部。敌方向后滑步，侥幸避过。（图1–9）

图1–9

2. 随即，我方右脚落步，屈膝下蹲，两手按地，身体右转；同时，左腿迅疾擦地扫踢敌方左脚踝内侧。敌方左脚撤步，右腿虚提避过。（图1–10）

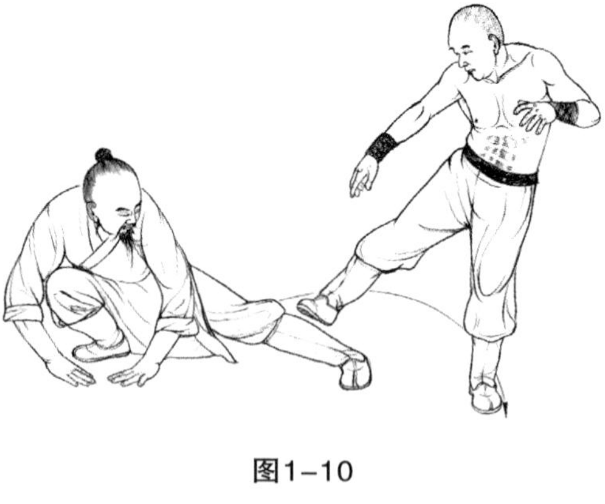

图1–10

3. 上动不停，我方身体猛然右转，重心移于左腿，右腿后扫敌方左脚后跟，将其扫翻跌出。（图1–11）

图1–11

六、虎尾剪豹

【实战分解】

1. 敌方滑步进身，右拳欲打而来。我方左脚略收，向左拧身，提起右脚，踹击敌方左膝。后发先至，阻其难进，伤其难动。（图1–12）

图1–12

2. 敌方略收左腿，躲避我方腿踢。我方顺势右腿略收，封闭下盘，蓄势待发。（图1–13）

图1–13

3. 随即，我方身形乘机左转，右腿由屈而伸向上摆踢敌方右耳。敌方向左摇身躲避。（图1–14）

图1–14

4. 我方右脚迅疾落地，左手虚晃诱敌。敌方两脚后滑，双拳提起，拦护面门。（图1-15）

图1-15

5. 上动不停，我方急速向右旋体，左腿借势踢出，高扫敌方头部，大力横扫，猛不可挡。（图1-16）

图1-16

七、神龙抖尾

【实战分解】

1. 敌方进身，提起右腿，欲行踢击。（图1–17）

图1–17

2. 我方迅速反应，右脚原地提起，前踹敌方右小腿，后发先至，将敌封阻。（图1–18）

图1–18

3. 上动不停，我方右脚落步，向左转身，左腿顺势高起，向后横扫，踢击敌方面门。（图1–19）

图1–19

八、门槛绊马

【实战分解】

1. 敌方滑步进身，左腿扫踢我方头部。我方左脚迅疾后撤，向后吞身；同时，右手上提，右前臂外格，拦截敌方腿击。（图1–20）

图1–20

2. 随即，我方左步急垫，右脚踩击敌方右膝，致敌方膝伤而倒。（图1–21）

图1–21

九、猴子爬竿

【实战分解】

1. 我方向前滑步，左脚踢敌。敌方两手擒拿，控制我方左脚。（图1–22）

图1–22

2. 我方左脚迅疾向下收拉，右脚乘势蹬地，腾空而起，身体左转。（图1–23）

图1–23

3. 上动不停，我方左脚后拉，右腿前伸，踹击敌方面门或咽喉。（图1–24）

图1–24

十、无影穿心

【实战分解】

1. 敌方滑步进身，右拳冲击我方脸部。我方上身后仰，避过敌拳锋芒。（图1–25）

图1–25

2. 上动不停，我方顺势，左腿稍一上收，迅速伸腿蹬出，脚跟发力，蹬击敌方心窝。（图1–26）

图1–26

十一、勾挂绊子

【实战分解】

1. 敌方跨步进身，左鞭腿踢击我方身右。我方左脚迅疾向左外侧摆步，身体右转，两臂屈肘，用两前臂推格敌方左小腿。（图1–27）

图1–27

2. 上动不停，我方右脚提起，向前勾击敌方右踝，将敌方摔倒在地。（图1–28）

图1–28

十二、倒踢丹炉

【实战分解】

1. 我方强攻，向左旋体，右脚猛然向前鞭踢敌方左肋。敌方向后滑步，吞身避过。（图1–29）

图1–29

2. 上动不停，我方右脚落地，向左转体，翻身对敌；同时，左脚急速后撩，踢击其裆。（图1–30）

图1–30

十三、三环套月

【实战分解】

1. 我方右手虚晃，诱敌专注，欲行防护；同时，迅速提起右腿。（图1-31）

图1-31

2. 随即，向左转身，右脚顺势踹出，踹击敌方左膝。（图1-32）

图1-32

3. 敌方左脚撤退，避躲化劲。我方右脚落步，迅疾向右旋身，左脚猛力蹬踢敌方肋部。（图1-33）

图1-33

4. 上动不停，左脚落步，高踢右脚，踹击敌方脸部。（图1-34）

图1-34

十四、跨虎登山

【实战分解】

1. 敌方突然踢出右脚，袭击我方裆部。我方迅速向后滑步，急起左脚，勾摆敌方右腿，使其落空。（图1–35）

图1–35

2. 随即，我方左脚落步，右脚乘机侧弹，踢击敌方裆部。敌方收裆躲避。（图1–36）

图1–36

3. 我方右腿连踢不落，借向左旋身之势，迅疾向前上横扫敌方头部。敌方急忙后仰。（图1–37）

图1–37

4. 上动不停，我方右脚落步，左腿正蹬，脚跟发力，伤敌心窝。（图1–38）

图1–38

十五、马踏金砖

【实战分解】

1. 敌方右脚上步，右拳冲打我方脸部。我方向后滑步，上架左掌，格架敌方前臂，化解敌方拳击。（图1-39）

图1-39

2. 随即，我方右脚急垫，接近敌身；同时，左脚迅速踹击敌方右膝，向前用力踩踏，致其腿伤，跪地就擒。（图1-40）

图1-40

第二章

道家八仙迷魂腿（十二腿）

八仙门，武当内家秘门之一，其门取自“八仙”，其招模拟“八仙”。

所谓八仙，即传说中的道教八仙——铁拐李、汉钟离、张果老、吕洞宾、何仙姑、蓝采和、韩湘子、曹国舅。在民间流传有很多引人入胜的八仙故事。

八仙门分支不多，但单一的技法流传很多，如醉八仙、跌八仙、醉里跌八仙、八仙地躺拳、八仙过海拳、

八仙戏枝拳、八仙剑、八仙连环腿、八仙追魂腿等，动作优美，造型古朴，招法独特，令人神往。

八仙腿法，古朴实用，见缝插针，注重暗腿阴劲，讲究突击奇袭，其“迷魂十二腿”非常有名。如铁拐李铁拐扫堂、何仙姑裙底飞脚、韩湘子弄箫踏浪、张果老牵驴过栏等腿招，踢敌要害，招招凌厉。今整理出来，献于同道。

一、铁拐扫堂

【实战分解】

1. 敌方移步，右腿蹬击我方左肋。我方右脚迅疾向右闪跨，偏身下沉，避过敌腿。（图2–1）

图2–1

2. 我方借势，迅速起腿，左脚踹击敌方腹部。（图2–2）

图2–2

3. 上动不停，我方左脚顺势落地，右脚向前猛力扫挂敌方左踝，将敌踢翻。（图2-3）

图2-3

二、铁拐扫径

【实战分解】

1. 敌方滑步进身，左拳击打我方脸部。我方向后滑步，避敌锋芒之际，右臂裹拦敌方左前臂外侧，化解敌劲。（图2-4）

图2-4

2. 随即，我方左手擒抓敌方左腕，右掌扑击敌方脸部；同时，右脚勾踢敌方左脚跟，猛力将敌方左腿踢起。（图2-5）

图2-5

3. 上动不停，我方右脚顺势前踹，踹击敌方右膝，伤其关节，致其倒地。（图2-6）

图2-6

三、拦腰搜风

【实战分解】

1. 敌方滑步进身，左拳击打我方脸部。我方上体向左侧闪，沉身下坐；同时，右脚乘机上步于敌方左脚后侧，右手反背甩掌，抖劲击打敌方左肋。（图2–7）

图2–7

2. 随即，我方右脚猛地勾踢敌方左小腿；同时，右掌上翻，反拍敌方鼻部，或劈切敌方咽喉，致其失衡。（图2–8）

图2–8

3. 上动不停，我方右脚顺势前伸，踹击敌方右膝，将敌踢倒。（图2–9）

图2–9

四、见缝插针

【实战分解】

1. 我方左掌向上佯攻，诱敌上护，随即垫步进身，左脚突袭，踹击敌方左膝。（图2–10）

图2–10

2. 上动不停，乘敌膝部受伤，我方左脚落步，再起右脚猛力蹬击敌方腹部，将敌踢出。（图2-11）

图2-11

五、青龙卷尾

【实战分解】

1. 我方右手向上虚晃诱敌，随即乘机向下伏身，右脚跟发力倒扫敌方左脚。敌方左步撤退，右膝上提躲避。（图2-12）

图2-12

2．上动不停，我方右脚后收，左腿前扫敌方左脚，将敌扫倒在地。（图2–13）

图2–13

六、裙底飞脚

【实战分解】

1．我方向前跨步，迅疾弹出左脚，踢击敌方裆部。敌方撤步，收腹藏裆，两手下推我方左腿，阻截我方撩阴脚。（图2–14）

图2–14

2. 随即，我方左脚落步，右脚顺势飞出，弹踢敌方裆部。（图2–15）

图2–15

七、裙底金莲

【实战分解】

1. 敌方右脚跨步，右拳击打我方脸部。我方右脚稍向后退，两手向前拦截，右手抓住敌方右拳或腕部，左掌按推敌方右肘。（图2–16）

图2–16

2. 随即，我方速出右脚，撩踢敌方裆部。（图2–17）

图2–17

3. 上动不停，我方右脚落步，两手放开，向右转身，左脚迅疾向后撩踢敌方裆部。此式左右撩踢，正反发力。（图2–18）

图2–18

八、弄箫踏浪

【实战分解】

1. 敌方右脚跨步，右拳击打我方脸部。我方右脚略退，双掌合抱，擒拦敌方拳击。（图2-19）

图2-19

2. 随即，我方左脚顺势上提，踩击敌方右膝，伤其关节。（图2-20）

图2-20

九、藤萝缠莲

【实战分解】

1. 敌方右脚跨步，右拳击打我方脸部。我方向后闪身之际，右脚乘敌右腿刚到，迅疾斜踩敌方右膝。（图2-21）

图2-21

2. 上动不停，我方收落右脚，向右旋体；同时，猛起左腿横扫敌方后脑。（图2-22）

图2-22

十、门槛拒客

【实战分解】

1. 敌方右脚跨步，右拳击打我方脸部。我方双掌上起，从左向右擒按敌方拳臂；同时，提起右脚，踩击敌方右膝。（图2–23）

图2–23

2. 上动不停，我方上体左转倾身，右脚顺势发力，向上踹击敌方右肋或腹部，将敌方踹出。（图2–24）

图2–24

十一、仙驴翘蹄

【实战分解】

1. 敌方右脚跨步，右拳击打我方脸部。我方绕步滚身，避过敌拳。（图2-25）

图2-25

2. 随即，我方左转，左腿撩踢，伤敌裆部。（图2-26）

3. 上动不停，我方左脚落步，向右转体，顺势踢起右腿，后扫敌方头部，将敌击出。（图2-27）

图2-26

图2-27

十二、牵驴过栏

图2–28

【实战分解】

1. 敌方跨步进身，右拳击打我方脸部。我方右脚略退，双掌上挑，前臂拦截。（图2–28）

2. 随即，我方两掌变爪，旋腕擒抓，猛劲拽拉，使敌前扑。（图2–29）

3. 上动不停，我方两手扬抖，右脚速出，撩踢敌裆。（图2–30）

图2–29

图2–30

第三章

九宫防身连环腿（十八腿）

“九宫”是我国古代天文学用词，其意思被后人延伸与扩展，深具独特而宽泛的传统文化内涵。

在武术上来讲，九宫主要指动作练习与实战技击时，拳脚方位的高低、敌我距离的远近、发出力量的长短以及劲法的直曲旋转等多种变化与灵活把控。

武当派有很多拳种冠名常带有九宫。如“九宫迷魂腿”“九宫十八腿”“九宫拳”“九宫手”“九宫连环步”“九宫流星拳”“九宫地煞擒拿手”“九宫太极手”“九宫八卦掌”等类，非常多见。

武当九宫腿，就是其中著名的内家秘技。其练法既同于一般九宫拳技，脚踏九宫，身似游龙，变化多端；又有自己的独到之处，注重腿击，快似利箭，所谓“双手两扇门，全靠腿踢人”，两手顾己护身，发腿伤敌要害。

九宫腿练法多样，今选一种秘传的九宫十八腿，挖整出来，献于同道，用于自卫防身。

十八腿击，九宫之变，神出鬼没。临敌之时，见机即踢，腿法凌厉，腿腿相连；走中有踢，踢中带走，令敌防不胜防。

一、顺势连踩

【实战分解】

1. 敌方右脚跨步进身，右拳击打我方脸部。我方略吞身，右掌上拦，左掌上托，阻截敌臂；同时，左脚向前踏搓敌方右脚。（图3-1）

图3-1

2. 随即，我方左脚顺势上提，乘机再向前下踩踹敌方右膝。（图3-2）

图3-2

二、进步连踩

【实战分解】

1. 敌方左脚前移，右脚弹踢我方腹部。我方左脚迅疾后收，屈膝缩身成左丁步；同时，左手向下、向后反挂敌方右踝，阻截敌腿。（图3-3）

图3-3

2. 随即，我方左脚向前上步，上体左旋，右脚踩击敌方左脚。（图3-4）

图3-4

3. 上动不停，我方右脚乘势前伸，踩击敌方左膝，致其难动。（图3–5）

图3–5

三、蹬膝连环

【实战分解】

1. 敌方进身，右手击打我方脸部。我方右手上抓，左掌上托，控制敌方右臂；同时，用右脚跟蹬击敌方右膝。（图3–6）

图3–6

2. 上动不停，我方右脚收落，再用左脚跟蹬踢敌方右膝。（图3-7）

图3-7

四、封步勾挂

【实战分解】

1. 敌方右脚跨步进身，左拳击打我方脸部。我方迅疾吞身，左掌上翻格拦敌方左前臂，化解敌劲。（图3-8）

图3-8

2. 随即，我方左掌下压敌臂，右脚上步于敌方左腿后，封绊其左脚跟；同时，右肘向前顶击敌方腹部。（图3-9）

图3-9

3. 上动不停，右掌顺势上翻划打敌方脸部，右脚向左勾挂敌方左脚跟，致其后倒躺地。（图3-10）

图3-10

五、勾挂踩裆

【实战分解】

1. 我方左脚上步，左掌劈击敌方脸部。敌方退步，起右掌拦截我方左掌。（图3–11）

图3–11

2. 我方惊上取下，右脚迅速向前勾挂敌方左脚跟，将敌踢翻。（图3–12）

图3–12

3. 上动不停，不等敌变，我方右脚落步，提起左脚向前踩踏敌方裆部。（图3-13）

图3-13

六、左右勾踢

【实战分解】

1. 敌方滑步进身，左拳击打我方脸部。我方见敌来势凶猛，迅疾向右转身，左脚向右旋步，避过敌拳攻击。（图3-14）

图3-14

2. 我方迅疾将身左转；同时，右脚勾踢敌方左脚跟。敌方收提左腿，避过我方右脚。（图3-15）

图3-15

3. 上动不停，我方右脚向外侧摆落步，左脚顺势勾踢敌方右脚跟，使敌方失衡歪倒。（图3-16）

图3-16

七、铲膝蹬裆

【实战分解】

1. 敌方右脚跨步，右掌击打我方脸部。我方上身后避；同时，顺势提起左脚迎击敌方右膝，发力铲踢。（图3–17）

图3–17

2. 上动不停，我方身稍右转，左脚前伸，向上迅疾蹬出，击敌裆部。（图3–18）

图3–18

八、蹬推绊叩

【实战分解】

1. 敌方右脚跨步，右掌从上击来。我方迅疾向下沉身，提起右脚向前迎击，踩踏敌方右膝。（图3–19）

图3–19

2. 随即，我方右脚向前落步，绊住敌方右小腿；同时，右掌推击敌脸，致其向后仰身。（图3–20）

图3–20

3. 上动不停，我方右脚跟顺势叩击敌方右脚跟，猛然后提，将敌跌翻。（图3-21）

图3-21

九、低扫蹬阴

【实战分解】

1. 敌方进身，右高弹腿踢击我方脸部。我方迅疾向下俯身，右脚跟向前扫踢敌方左脚，使敌失衡，身体歪倒。（图3-22）

图3-22

2. 上动不停，我方乘机向右翻身卧倒，右脚向外摆转；同时，左脚顺势向上蹬敌方裆部。（图3-23）

图3-23

十、前后蹬门

【实战分解】

1. 我方垫步进身，左脚猛力向前正蹬敌方腹部。（图3-24）

图3-24

2. 敌方后退，避过我方左腿重击。我方上体迅速右转，左脚向右落地，提起右腿向后蹬击敌方胃脘，将其踢倒。（图3-25）

图3-25

十一、左右侧踹

【实战分解】

1. 我方主动进攻，右垫步进身，左腿踹击敌方右肋。（图3-26）

图3-26

2. 上动不停，我方左脚迅疾向右落步，向左转体，右腿发出，踹击敌方左肋。（图3-27）

图3-27

十二、闪身踹肋

【实战分解】

1. 敌方右步跨进，右拳击打我方脸部。我方见其来势凶猛，立即向左闪步偏身，避过敌拳锋芒。（图3-28）

图3-28

2. 随即，我方乘机提起右腿踹击敌方右肋，致敌侧扑而出。（图3-29）

图3-29

十三、一脚两弹

【实战分解】

1. 敌方右步跨进，右拳击打我方脸部。我方左掌上划，右脚迎击，弹踢敌裆。（图3-30）

图3-30

2. 上动不停，我方右脚一落即起，再次弹踢敌裆。一脚两击，连续踢裆，一中即伤，快捷难防。（图3–31）

图3–31

十四、右摆左撩

【实战分解】

1. 我方主动攻击，对着敌方右耳，以右脚向前摆踢。（图3–32）

图3–32

2. 上动不停，敌方受踢，向左旋身。我方迅疾下落右步，将左脚向后撩踢，迎击敌方心窝。（图3–33）

图3–33

十五、盖步挂裆

【实战分解】

1. 敌方左脚前移，右鞭腿踢击我方头部。我方迅疾向右倾身，左脚向右盖步，避过敌腿锋芒。（图3–34）

图3–34

2. 上动不停，我方避敌刹那，趁其尚未变势，左脚迅疾向后挂出，用脚后跟踢敌方裆部。（图3–35）

图3–35

十六、勾挑铲断

【实战分解】

1. 敌方左脚向前上步，左拳击打我方脸部。我方左手上划，挑格敌方左臂外侧；同时，右脚向前勾挑敌方左脚跟。（图3–36）

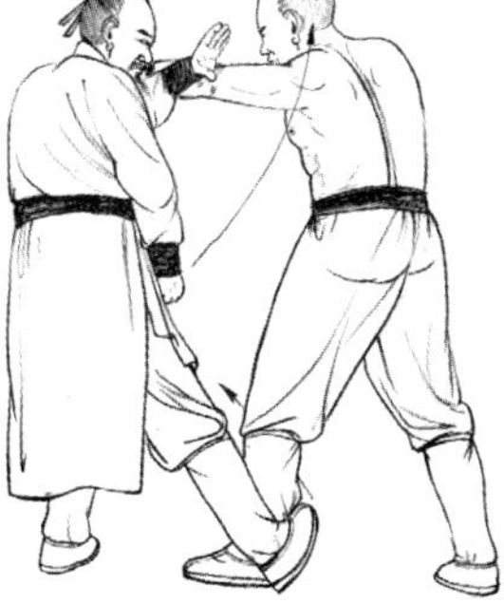

图3–36

2. 随即，我方左手下压，右掌推敌方左耳，右脚勾住敌方左脚跟向左旋踢而起。（图3-37）

3. 上动不停，我方身稍下沉，右脚顺势回铲敌方右膝，致其骨折难行。（图3-38）

图3-37

图3-38

十七、圈踢蹬挫

【实战分解】

1. 敌方右脚跨进，左掌击打我方脸部。我方右掌前推，阻截敌掌；同时，提起右脚，圈踢敌方右脚跟。（图3-39）

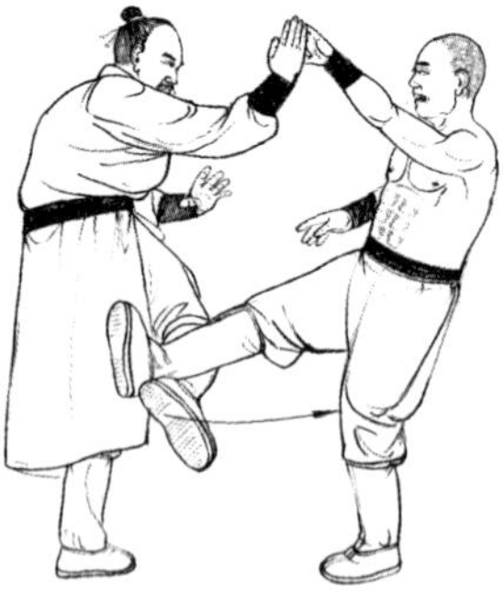

图3-39

2. 上动不停，我方右脚顺势向前蹬击敌方左膝，挫伤其腿。（图3-40）

图3-40

十八、撑碾推送

【实战分解】

1. 敌方左脚前移，提起右膝撞向我方胸部。我方不退反进，右掌下伸，右臂拦格敌方右小腿外侧，化解敌方右撞膝；同时，右脚前撑，用脚底撑击敌方左脚背及前胫部。（图3-41）

2. 上动不停，我方右脚尖外展，用脚跟碾压敌左脚踝；同时，双掌协助，推敌右腿，致其失衡。（图3-42）

图3-41

图3-42

第四章

武当玄武追魂腿（十二腿）

“玄武，北方之神，龟蛇合体”，武当山即玄武道场，玄武派由此得名。

玄武拳，乃玄武派武技之一，是内家优秀拳法，练之可强筋骨，健百骸，活气血，增力量。

现在流传较广的玄武拳有两套，第一路54势，第二

路31势。本章腿法即采自武当玄武拳，共12招。

玄武十二腿，象形取义，阴阳相兼，招招实用。收如龟伏，蓄势待发；动若蛇奔，突然出击；一动连发，跟踪追击。腿踢不断续，不中不休止，追魂一般，令敌胆颤。

一、灵龟探穴

【实战分解】

1. 我方左手向前虚晃，佯攻诱敌上防，随即向前移步，右脚弹踢敌方裆部。敌方左脚撤步，收腹藏裆，避过我方踢击。（图4–1）

图4–1

2. 接着，我方右脚内旋，屈膝内收之际，迅疾向左转身，猛力向前踹击敌方小腹。（图4–2）

图4–2

二、玄蛇蹿涧

【实战分解】

1. 敌方移步进身，右脚高踹，踢击我方脸部。我方左脚贴地前滑，俯身成一字腿，避过敌方高踹腿。（图4-3）

图4-3

2. 随即，我方向右翻身，两掌撑地，左脚落平，右脚向上蹬踢敌方臀尾。（图4-4）

图4-4

3. 上动不停，我方收右腿，右转身，出左脚，脚跟发力，蹬击敌方会阴，将敌踢出。（图4-5）

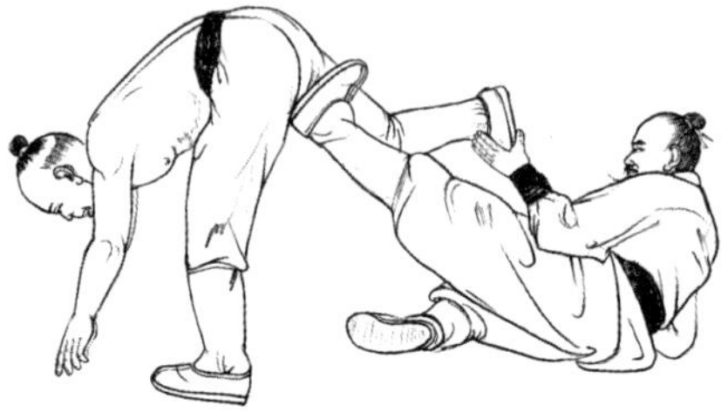

图4-5

三、玄龟吐雾

【实战分解】

1. 敌方跨步进身，左脚蹬踢我方胸部。我方左脚迅疾撤退，向左转体，提起右脚蹬踢敌方左膝，卸化腿劲。（图4-6）

图4-6

2. 上动不停，我方右脚顺势下踹，踢击敌方右膝，致其腿折。（图4-7）

图4-7

四、玄武弄影

【实战分解】

1. 敌方左脚跨步，左拳冲打我方脸部。我方迅疾向右旋身，左脚向右盖步，避过敌拳攻击。（图4-8）

图4-8

2. 随之，我方顺势向左转身，提起右脚，蹬踢敌方左肩。（图4–9）

图4–9

3. 上动不停，我方右脚借蹬劲腾身而起，向左旋身，左腿向上后扫敌方后脑。（图4–10）

图4–10

五、神龙摆尾

【实战分解】

1. 敌方右脚跨步，右拳冲打我方脸部。我方左脚迅疾内扣，上体右转，右脚向后撩踢，迎击敌方胸部。（图4-11）

图4-11

2. 上动不停，我方右脚迅疾落向右前，向左转身，左脚反撩摆击，伤敌胸部。（图4-12）

图4-12

六、玄蛇抖尾

【实战分解】

1. 我方主动进攻，左脚前移，向左旋身，右腿踹敌左膝。敌方右脚撤退一步，避过我方踹腿。（图4–13）

图4–13

2. 随即，我方右脚顺势落步，左脚向后撩踢敌方裆部。（图4–14）

图4–14

3. 上动不停，我方向左旋身，左脚落步；同时，右鞭腿猛力扫踢敌方左肋。（图4-15）

图4-15

七、玄蛇卷草

【实战分解】

1. 敌方滑步进身，左拳冲击我方脸部。我方右脚后撤一步；同时，左掌上挑，格敌左臂，将敌方拳击化解。（图4-16）

图4-16

2. 随即，我方右脚猛力勾踢敌方左脚跟，致敌仰跌于地。（图4–17）

图4–17

3. 上动不停，我方右脚落步，左脚迅速垫步，再度提起右脚，踩踏敌方左膝。（图4–18）

图4–18

八、玄武卷浪

【实战分解】

1. 敌方前移进身，右脚蹬击我方腰部。我方右脚迅疾退步，左膝下跪沉身，左掌内裹，格敌右小腿，向前推开。（图4-19）

图4-19

2. 随即，我方向右旋身，右腿擦地后扫敌方左脚跟，将敌扫倒于地。（图4-20）

图4-20

3. 上动不停，我方两手迅疾撑地，左脚前移，接近敌方。随即，右脚尖发力，扫踢敌方裆部。（图4-21）

图4-21

九、玄武踏浪

【实战分解】

1. 敌方前移，两手按地，右腿擦地扫踢我左小腿。我方左腿迅疾屈膝提起，避过敌方扫腿。（图4-22）

图4-22

2. 随即，我方左脚顺势下踩敌方右膝，断其关节。（图4-23）

图4-23

3. 上动不停，我方左脚落步，右脚蹬踏敌方头部，将其重创。（图4-24）

图4-24

十、玄龟踏巢

【实战分解】

1. 敌方右脚跨步，右手击打我方脸部。我方左拳迅疾向上拦截；同时，右脚前踩，踏击敌方右膝。（图4–25）

图4–25

2. 上动不停，我方右脚一踏即提，顺势迅疾蹬击敌方裆部。（图4–26）

图4–26

十一、灵蛇缠龟

【实战分解】

1. 敌方前移进身，右脚踹击我方腹部。我方左脚迅疾后撤一步，右掌向下旋转，接抓敌方右脚，左臂兜抱敌方右小腿。随即，起左脚踹击敌方左膝。（图4-27）

图4-27

2. 上动不停，我方左脚落步，上体向右旋转，两手抱挟敌方右脚，合力猛劲旋拧，致敌栽地难起。（图4-28）

图4-28

十二、灵蛇飞天

【实战分解】

1. 我方左脚向前踏出，右脚猛然向前腾空，弹踢敌方脸部。敌方左脚撤退，向后仰身，避过我方。（图4–29）

图4–29

2. 上动不停，我方右脚顺势踏落，划弧后撩；同时，左脚向前踢出，脚尖发力，弹踢敌脸。（图4–30）

图4–30

第五章

洪门秋风扫叶腿（二十五腿）

秋风扫叶腿，俗称“秋风扫落叶”，来自武当洪门。

在清代，洪门起初是一个民间秘密组织，宣传反清复明思想，以习武收徒为名，发展会员。据有关资料，洪门创立于清康熙十三年（1674年），该组织以明太祖朱元璋年号“洪武”之“洪”字立门，故名。后来发展演变，融汇了武当道家思想与内家拳技，成为今日武术之“武当洪门拳”，现主要流传于湖北、四川等地，深受“楚”“巴”文化影响，具有独特的区域特色。

武当派洪门拳，其拳路常以“手”为名，如洪门手、武松手、青龙手、刚手、滚手、六合手、七星手、九宫手、老君手等。其招法实用，刚猛有力。

洪门实战腿法，当以“秋风扫落叶”为典型代表，暗誉这些招法厉害，威猛强劲，铁腿扫荡，当者披靡，“我踢如秋之疾风，敌中如落叶被扫”。

今选其25招，分解出来，供同道研习。

一、虎踏残阳

【实战分解】

1. 敌方右进步，右拳冲击我方脸部。我方向后吞身，上起左手，裹格敌方右臂外侧，阻截敌拳攻击。（图5-1）

图5-1

2. 敌方又出左鞭腿，踢击我方右耳。我方迅疾右转，用两掌捋劲向外阻截敌方左腿。（图5-2）

图5-2

3. 随即，我方两手推开敌方左腿之际，左脚踩击敌方右小腿。（图5–3）

图5–3

4. 上动不停，我方左脚落地，向右转身，右腿向后摆挂敌方后脑，将其踢扑。（图5–4）

图5–4

二、烈马践蹄

【实战分解】

1. 敌方垫步进身，右腿踹击我方腹部。我方迅疾后滑，避敌锋芒之际，两掌下劈敌方右腿。（图5-5）

图5-5

2. 随即，我方向左转体；同时，右脚踹击敌方左膝。（图5-6）

图5-6

3. 上动不停，我方右脚落步，左脚扫踢敌方左肋，将敌击倒。（图5-7）

图5-7

三、白马撞山

【实战分解】

1. 敌方右脚进步，右拳击打我方脸部。我方左脚迅疾后撤，吞身避过敌拳。（图5-8）

图5-8

2. 敌方左鞭腿紧随，踢击我方头部。我方右脚迅疾撤退，向右转身，两手抓推敌方左腿，向下抖击。（图5-9）

图5-9

3. 随即，我方右垫步，左脚踹击敌方右膝。（图5-10）

图5-10

4. 上动不停，我方左脚落步，右脚弹踢敌方咽喉。（图5-11）

图5-11

四、扬蹄踏瓜

【实战分解】

1. 敌方上步进身，左拳击打我方脸部。我方迅疾后滑，沉身避过敌方拳击。（图5-12）

图5-12

2. 随即，我方右拳上划，格挡其臂；同时，右脚踩敌方左膝。（图5–13）

图5–13

3. 上动不停，我方右脚落步，左脚迅疾踩出，脚跟发力，踏击敌方裆部。（图5–14）

图5–14

五、野马蹶蹄

【实战分解】

1. 敌方上步进身，左拳击打我方脸部。我步后滑之际，右掌向前拍格敌方左臂，化解敌方拳击。（图5-15）

图5-15

2. 敌方又出右鞭腿，扫踢我方左肋。我方迅疾收左脚，屈膝半蹲成左丁步；同时，左掌反划，勾挂敌方右小腿，阻截敌方攻击。（图5-16）

图5-16

3. 随即，我方左脚前伸，踹击敌方左膝。（图5–17）

图5–17

4. 上动不停，我方左脚落步，向左转身，右腿踹踢敌方胸部或腹部。（图5–18）

图5–18

六、青龙卷浪

【实战分解】

1. 我方滑步进身，以左抄捶攻击敌方下颌。敌方右步后撤避过。（图5-19）

图5-19

2. 敌方借势右脚点地反弹，鞭踢我方头部左侧。我方迅疾向左旋身，右拳劈压敌方右脚；同时，提起右膝，阻截助力。（图5-20）

图5-20

3. 随即，我方右脚落步，向右转身；同时，左脚踹击敌方胸部。敌方退步仰身，避过我腿。（图5-21）

图5-21

4. 上动不停，我方左脚落步，向右转身；同时，身体下沉，右腿迅疾擦地后扫敌方脚后，使敌方失衡仰跌。（图5-22）

图5-22

七、蝎子卷尾

【实战分解】

1. 敌方左步上进，左肘横扫我方头部。我方迅疾后滑，沉身下坐成左虚步，避过敌肘。（图5–23）

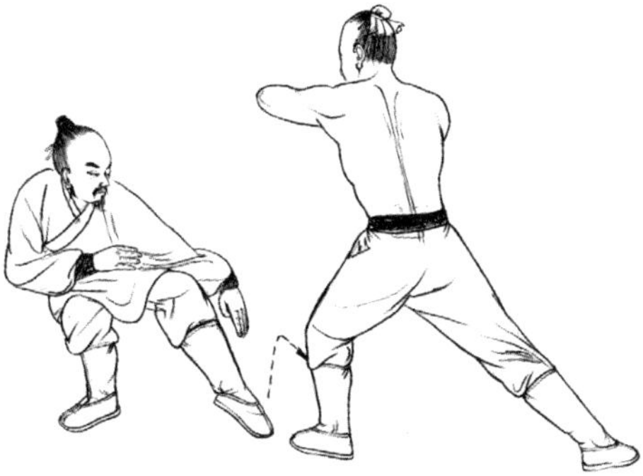

图5–23

2. 随即，我方左脚向前铲击敌方左小腿，伤其胫骨。（图5–24）

图5–24

3. 上动不停，我方左脚落步，起身左转，右鞭腿踢击敌方后脑。（图5-25）

图5-25

八、腾龙伏虎

【实战分解】

1. 敌方滑步进身，右拳击打我方脸部。我方左臂迅疾上挑，用左前臂拦格敌方右前臂，化解敌方拳击。（图5-26）

图5-26

2. 敌方随即飞起左鞭腿，踢击我方头部右侧。我方上体迅疾右转，两掌拦截敌方左小腿。（图5-27）

图5-27

3. 上动不停，我方向左下俯，两手按地之际，右腿擦地扫击敌方右脚跟，将敌方扫倒在地。（图5-28）

图5-28

九、金鸡上架

【实战分解】

1. 敌方左步上进，右拳击打我方脸部。我方迅疾后滑，沉身下坐，避过敌方拳击。（图5-29）

图5-29

2. 随之，我方左拳向上反划，格敌方右前臂；同时，右脚踩击敌方左膝。（图5-30）

图5-30

3. 上动不停，我方右脚一踏敌腿，迅疾落步，左腿速出，脚跟发力，蹬击敌方面门。敌方向右转体，俯身避过。（图5-31）

图5-31

4. 我方左脚收落，右脚趁机踩击敌方左膝，折其关节。（图5-32）

图5-32

十、长蛇卷尾

【实战分解】

1. 敌方垫步进身，右踹腿踢击我方腹部。我方迅疾后滑；同时，左手向左下勾挂敌方右踝。（图5–33）

图5–33

2. 随即，我方右脚缠勾敌方左腿。敌方借劲右转。（图5–34）

图5–34

3. 我方右脚一落即发，快速连踢，顺势抖劲蹬出，伤敌左肋或背部。（图5-35）

图5-35

十一、懒龙捣巢

【实战分解】

1. 敌方滑步进身，右腿踹击我方胸部。我方左脚侧跨，偏身闪让；同时，右臂用力反格其右小腿，化解其右腿攻击。（图5-36）

图5-36

2. 随即，我方右腿速发，弹踢敌方裆部。（图5-37）

图5-37

3. 我方右脚收落，向右旋身，左腿踹击敌方小腹。（图5-38）

图5-38

十二、龙腾九霄

【实战分解】

1. 敌方垫步进身，右腿低踹我方左腿。我方迅速右移，左腿提膝，避过其腿。（图5-39）

图5-39

2. 敌方右脚落空，就势落步，飞出左鞭腿，踢击我方右腰部。我方迅疾落步吞身，右前臂下沉，阻截敌方左小腿。（图5-40）

图5-40

3. 上动不停，我方右脚迅疾前弹，踢击敌方咽喉或面门。（图5-41）

图5-41

十三、双鹤穿林

【实战分解】

1. 敌方垫步进身，右弹腿踢我方胸部。我方迅速向后滑步；同时，两掌猛力向下劈打其小腿，破解敌方腿击。（图5-42）

图5-42

2. 随即，我方右脚弹踢敌方腹部。（图5-43）

图5-43

3. 上动不停，我方右脚迅速落步，再以左脚踹敌方腹部。（图5-44）

图5-44

十四、猛虎抖尾

【实战分解】

1. 敌方突然右旋身，用左脚踹击我方左膝。我方左腿迅速收移，吞身避过。（图5-45）

图5-45

2. 敌方顺势落步，右腿蹬击我方脸部。我方左脚迅疾撤步；同时，两手接托敌方右踝。（图5-46）

图5-46

3. 紧接着，我方向右旋身，提起左脚，踹击敌方小腹。（图5–47）

图5–47

4. 上动不停，我方左脚落地，向右转体，迅速踢起右腿抡挂敌方胸部或下颌。（图5–48）

图5–48

十五、腾龙钻云

【实战分解】

1. 敌方左脚前跨，上步进身，右腿踢击我方裆部。我方左脚撤退，上身前俯左旋；同时，左臂迅疾前伸，反挂敌方右小腿。（图5–49）

图5–49

2. 随即，我方左脚上步，左手勾其右腿向上提起。（图5–50）

图5–50

3. 上动不停，我方右脚高提，猛力蹬踏敌方腹部。（图5–51）

图5–51

十六、披身御袍

【实战分解】

1. 敌方滑步进身，右拳击打我方脸部。我方迅速向后移身，右臂内裹，格挡敌方右前臂。（图5–52）

图5–52

2. 敌方随势提起左膝，撞击我方胸部。我方迅疾吞身，双手压按敌方左膝。（图5-53）

图5-53

3. 上动不停，我方仰身，右腿向前上蹬出，脚跟发力，撞击敌方胸部，将敌踢出。（图5-54）

图5-54

十七、马踏金鼎

【实战分解】

1. 敌方滑步进身，右拳击打我方脸部。我方迅疾后滑，用右前臂拦裹敌方右腕内侧，阻截敌方拳击。（图5-55）

图5-55

2. 敌方顺势左垫步，右腿踢击我方腹部。我方左脚迅疾后撤一步；同时，右手下缠勾挂，右前臂向右拦格敌方右小腿。（图5-56）

图5-56

3. 上动不停，我方向右旋身，提起左脚，蹬击敌方腹部，用抖劲将其放出。（图5-57）

图5-57

十八、卷地旋风

【实战分解】

1. 敌方上步进身，右腿弹踢我方裆部。我方左脚迅疾撤退一步，左掌下劈敌方右脚，阻截敌方腿击。（图5-58）

图5-58

2. 随即，我方左掌猛然抖劲，推落敌方右脚；同时，左脚踏入敌方裆下，左掌上穿，戳敌眼睛。敌方右脚后退，上体后仰，避开我方插眼掌。（图5-59）

图5-59

3. 我方迅疾向前滑步下仆，左掌内翻，反臂切掌，砍击敌方右小腿。（图5-60）

图5-60

4. 上动不停，我方迅疾左旋起身，右脚向上高蹬敌方咽喉。（图5-61）

图5-61

十九、迎风三剪

【实战分解】

1. 敌方垫步进身，左腿踹击我方胸部。我方左脚迅疾撤退，沉身下蹲，避过敌腿。（图5-62）

图5-62

2. 随即，我方左脚疾起，蹬击敌方小腹或裆部。（图5-63）

图5-63

3. 我方左脚落步，速起右脚，踩敌方左膝。（图5-64）

图5-64

4. 上动不停，在敌连受两踢之际，右脚落步，再起左腿，猛蹬敌方胸部，将其击倒。（图5-65）

图5-65

二十、青龙出水

【实战分解】

1. 敌方滑步进身，右拳击打我方脸部。我方迅疾后滑避闪；同时，上提右手，旋臂拦格敌方右腕，阻截敌方拳击。（图5-66）

图5-66

2. 敌方紧随踢出右鞭腿，向我方头部击来。我方左脚迅疾后撤，下蹲避过。（图5-67）

图5-67

3. 上动不停，我方在避过敌腿的刹那，借势提起左腿，向前蹬击敌方腹部。（图5-68）

图5-68

二十一、回马扬戈

【实战分解】

1. 敌方滑步进身，右拳击打我方脸部。我方左脚迅疾撤退，左转倾身，避过敌方拳击。（图5-69）

图5-69

2. 随即，我方右脚借势，踹击敌方腹部。（图5-70）

图5-70

3. 上动不停，我方右脚落步；同时，左腿向前蹬出，脚跟发力，踏击敌方胸口。（图5–71）

图5–71

二十二、上山问路

【实战分解】

1. 敌方垫步进身，左腿踹击我方胸部。我方退步下沉，蹲右腿成左仆步，避过敌方腿击。（图5–72）

图5–72

2. 随即，我方迅速起身，右腿蹬击敌方小腹。（图5–73）

3. 上动不停，我方右脚向前踏落，逼退敌方之际，左腿踹其小腹。（图5–74）

图5–73

图5–74

二十三、白猿登山

【实战分解】

1. 敌方上步进身，右拳击打我方脸部。我方迅疾滑步，沉身坐腿，避过敌方拳击。（图5–75）

图5–75

2. 随即，我方借势，弹身而起，右脚向上蹬踢敌方鼻子。敌方仰身避闪。（图5–76）

3. 我方右腿前劈下落，随即提起左脚，侧踹敌方胸部。（图5–77）

图5–76

图5–77

二十四、迎风摆莲

【实战分解】

1. 敌方向前移步之际，右腿弹踢我方裆部。我方迅疾后滑；同时，左掌向前下拍，阻截敌方右脚。（图5–78）

图5–78

2. 上动不停，我方身体向右旋转；同时，右脚（脚尖上勾）向右、向后外摆，挂击敌方脖后，致其扑出。（图5-79）

图5-79

二十五、乌龙摆尾

【实战分解】

1. 敌方上步进身，右鞭腿踢击我方头部。我方迅疾后滑，向下沉身，避过敌腿。（图5-80）

图5-80

2. 随即，我方左掌向上反划敌方右腿；同时，右脚顺势勾踢敌方左腿。（图5-81）

图5-81

3. 我方右脚不落，顺势再起，猛力扫踢敌方后脑。（图5-82）

图5-82

第六章

猿仙通臂透骨腿（十一腿）

黄百家《内家拳法》中载有“佑神通臂最为高”句。通臂拳自古就是武当内家名拳，练法非常丰富，如白猿通臂拳、仙猿通臂拳、灵猿通臂拳、猿仙通臂拳、仙山通臂拳、筋经通臂拳、无极通臂拳、洪洞通背拳、太极通背拳、五行通背拳、五猴通背拳、梅花通臂拳、心机通臂拳、合一通臂拳、浑元通臂拳、通臂长拳、猿猱伏地拳等，各成绝学。

关乎内家通臂拳渊源传说很多，现有很多文献表明，最早甚至可追溯到战国时期。今录一古谱，谨供参考：“通臂拳，亦称通背拳。相传为战国白猿所创。白猿，姓

白，名士口，字衣三，道号‘动灵子’。其手若铁，腕若绵，臂若鞭，灵若猿。有歌赞：‘通臂神拳谁敢当，无影无形无柔刚；两手捧定千斤法，专打鬼神邪魔忙’。”

本章透骨腿11招，采自武当内家猿仙通臂拳。猿仙通臂拳有两大独门秘技——“透骨拳”与“透骨腿”。“透骨拳”，手成拳形，而中指第二骨节突出，其余四指握紧，是通臂拳惯用的独特手形。而透骨腿是其招法，讲究“两手练牵缘（猿手），两脚踢连环；灵捷如射镖，放长去击远；奇袭奔要害，透骨敌胆寒”。

一、破膝穿肋

【实战分解】

1. 敌方滑步进身，左拳击打我方脸部。我方上起左掌，拦格敌方左臂外侧；同时，提起左脚，蹬踩敌方左膝，阻截敌方进攻。（图6-1）

图6-1

2. 上动不停，我方左脚迅疾落步，向左转体之际，右脚猛力向前蹬击敌方左肋。（图6-2）

图6-2

二、白猿摆尾

【实战分解】

1. 敌方垫步进身，左脚踹击我方脸部。我方迅疾撤步，左膝下跪，身向下俯，避过敌方腿击。（图6-3）

图6-3

2. 随即，我方左脚向右透步，向左旋身；同时，两掌向下拍抹敌方左腿，解除威胁。（图6-4）

图6-4

3. 上动不停，我方顺势迅疾回身，右脚发力，蹬踢敌方左肋。（图6-5）

图6-5

三、反肋破肚

【实战分解】

1. 我方主动进攻，左脚前移，向左转体之际，右脚蹬踢敌方左肋。（图6-6）

图6-6

2. 上动不停，我方右脚迅疾落步，提起左脚蹬踢敌方左腹。（图6–7）

图6–7

四、撩肋穿心

【实战分解】

1. 敌方右脚跨步进身，右拳击打我方脸部。我方右手迅疾上起，从左向右反抓敌方右腕，向外拦推；同时，提起左脚，撩击敌方右肋。（图6–8）

图6–8

2. 上动不停，我方左脚迅疾落步，左拳向上摆挂敌臂；同时，收提右腿，脚跟发力，蹬踢敌方心口。（图6-9）

图6-9

五、两蹬一勾

【实战分解】

1. 我方主动进攻，移步进身，右脚正蹬敌方裆部。敌方后滑吞身，避过我方右腿，上提两肘防护。（图6-10）

图6-10

2. 随即，我方右脚向前踏落，左脚追击，再度蹬击敌方裆部。敌方再度后滑吞身，避过我方左脚，两手下按封闭。（图6-11）

图6-11

3. 上动不停，我方左脚落步，向左转体，右脚向前擦地勾踢敌方左脚后跟，将其踢翻在地。（图6-12）

图6-12

六、翻身转蹬

【实战分解】

1. 敌方右脚跨步，右拳击打我方脸部。我方向右转身，右拳随之向后上反挥，拦格敌方右前臂外侧，将敌方攻击化解。（图6–13）

图6–13

2. 随即，我方向右转身，提起右腿，脚跟发力，蹬击敌方胸部，将其震跌而出。（图6–14）

图6–14

七、单腿勾踩

【实战分解】

1. 我方左脚前移，右脚顺势向前勾踢敌方左腿。敌方左腿屈膝提起，避过我方腿击。（图6-15）

图6-15

2. 我方顺势向左转身，右脚并不收落，借劲提起，向前伸出，踹其胸部或咽喉。单腿连环，快速凌厉，防不胜防。（图6-16）

图6-16

八、摆莲剪颈

【实战分解】

1. 敌方滑步进身，左拳击打我方脸部。我方迅疾撤步，向右翻身，避过敌拳。（图6-17）

图6-17

2. 随即，我方借转身之势，旋踢右腿，脚跟发力，蹬其下颌。（图6-18）

图6-18

3. 上动不停，我方右腿向右划落，左脚蹬地腾空而起，向前横扫敌方右颈或头部。（图6-19）

图6-19

九、划臂透肋

【实战分解】

1. 敌方滑步进身，左拳击打我方腹部。我方向后撤步，右臂向外划格敌方左腕，化解敌方拳击。（图6-20）

图6-20

2. 随即，我方左脚迅疾垫步，提起右脚猛力向前踹击敌方左肋。（图6-21）

图6-21

十、崩捶震肋

【实战分解】

1. 我方跨步进身，右拳崩击敌方脸部。敌方略后吞身，左拳上冲，拦格我方右腕，阻截我方崩劲。（图6-22）

图6-22

2. 随即，我方左脚垫步，右腿迅疾旋起，脚底发力，扫踢敌方左肋。（图6–23）

图6–23

3. 上动不停，我方右脚并不落地，顺势前伸，贴住敌方，猛然抖劲发力，将敌方跌出。（图6–24）

图6–24

十一、旋身摆莲

【实战分解】

1. 我方垫步进身，左脚勾踢敌方右腿。敌方右腿迅疾上提，屈膝避过。（图6-25）

图6-25

2. 随即，我方左脚内扣下落，向右转身；同时，提起右脚向右后横摆，以右脚掌外侧扫踢敌方左肾，致其身翻欲倒。（图6-26）

图6-26

3. 上动不停，我方右脚迅疾踏落，左脚提起，猛力蹬踢敌方后腰，将其踢出。（图6–27）

图6–27

第七章

武当太虚追风腿（二十二腿）

太虚拳，传统内家拳之一种，据说曾为清朝宫廷秘练拳法，但已无法考证。据现有调研资料显示，此拳主要流传于广州、香港等地，传人不多，亟待挖掘整理。

太虚拳主要有两种，完整精妙，功效各异。一种是快拳，化劲逼打，主发强劲（六劲）。一种是慢拳，养身练气，主发柔劲（单劲）。练者先从套路入手，继练推手散手，最后练习实战搏击。

太虚快拳中有许多腿法，今选一套追风腿，整理出来，献于同道共研。

追风腿共22招，技击性很强，其腿如追风，迅疾突然，连环不断，凌厉难挡，是防身自卫的妙招。

一、反踢鼎炉

【实战分解】

1. 敌方上步进身，右拳击打我方脸部。我方上身迅疾后挪；同时，收提左脚，借其前扑之势，向上撩击敌方裆部。（图7-1）

图7-1

2. 上动不停，我方左脚一踢即收，一落即起，速发抖劲，再度反撩敌方裆部。（图7-2）

图7-2

二、怪蟒探穴

【实战分解】

1. 敌方前移，猛然飞出右鞭腿，横踢我方头部。我方上体迅疾向右后偏移；同时，左脚旋起，前踹敌方左膝。（图7–3）

图7–3

2. 敌方关节突然受击，疼痛难忍，摇晃欲倒。我方乘胜追击，顺势右转，左脚借力再度上撩敌方裆部。（图7–4）

图7–4

三、青龙搅尾

【实战分解】

1. 敌方插步进身，起左腿踹击我方腹部。我方迅即后撤，左膝提起，避其攻击。（图7–5）

图7–5

2. 不等敌腿收落，我方急速向左旋体，左脚落步，右脚猛力侧踹敌方软肋。（图7–6）

图7–6

3. 上动不停，我方右腿顺势落地，左步前垫，右腿再次踢出，踹击敌方下颌及咽喉部位。（图7-7）

图7-7

四、金豹蹿涧

【实战分解】

1. 我方主动进攻，左脚前移，上体右转，右脚后撩敌方腹部。敌方闪身避开。（图7-8）

图7-8

2. 我方右脚迅速落地，左脚随即垫步，蓄劲近身之机，再度发出右脚，踹击敌方下颌。（图7-9）

图7-9

五、流云飞渡

【实战分解】

1. 敌方向前跨步，右脚踹击我方裆部。我方左脚迅疾后撤，右脚提起避之。（图7-10）

图7-10

2. 我方乘敌脚尚未收落之际，急用右脚下踏，并顺势落地。接着一个右旋身，左腿后踹敌方脸部。（图7-11）

图7-11

六、昙花龙影

【实战分解】

1. 我方主动进攻，左脚猛然向前纵步，右腿提膝冲击敌方胸部。敌方后撤，仰身避闪。（图7-12）

图7-12

2. 上动不停，我方右脚迅疾踏地，向右转体，左脚顺势向上高踢，踹击敌方脖颈。（图7–13）

图7–13

七、赤练横空

【实战分解】

1. 敌方上步进身，右拳击打我方脸部。我方左脚速收，上体右偏，避开敌方右拳。（图7–14）

图7–14

2. 随即，我方左腿顺势提起，撩踢敌方裆部。（图7-15）

图7-15

3. 上动不停，我方借势右旋腾身，右脚向后旋挂敌方脸部，将敌踢出。（图7-16）

图7-16

八、白虎抖尾

【实战分解】

1. 敌方前移，突发右腿，横踢我方头部。我方左脚速收，吞身避过。（图7–17）

图7–17

2. 随即，我方借吞身收脚之势，左脚乘机弹出，蹬击敌方裆部。（图7–18）

图7–18

3. 上动不停，我方右脚弹地腾起，向右旋体，右脚后扫敌方头部。（图7–19）

图7–19

九、童子敬酒

【实战分解】

1. 我方主动进攻，滑步进身，左掌直戳敌方眼睛。敌方左步后撤，挪身避开。（图7–20）

图7–20

2. 随即，我方右脚垫步，提起左脚，踏击敌方右膝。（图7–21）

图7–21

3. 上动不停，在敌方受创之时，我方左脚迅即落步，速起右脚蹬踢敌方下颌。（图7–22）

图7–22

十、狂风扑面

【实战分解】

1. 我方主动进攻，右脚上步，右手在上戳其目，左手在下捞其裆，上下同进。敌方后撤，收腹藏裆，右拳拦截。（图7–23）

图7–23

2. 随即，我方左腿连击，迅疾提起，脚跟发力，蹬击敌方下颌。（图7–24）

图7–24

3. 上动不停，我方收落左脚，右鞭腿猛踢敌方头部。（图7-25）

图7-25

十一、猛虎回头

【实战分解】

1. 我方主动进攻，右脚向前上步，右手前挑以惊其上，随即左腿迅疾插步转身，右掌反劈敌方脸部。敌方后退，右臂上扬，拦格化开。（图7-26）

图7-26

2. 我方顺势发出右腿，踹击敌方右胸。（图7–27）

图7–27

3. 随即，我方右脚落步，向右转身，左脚提起，脚跟发力，蹬击敌方胸部。（图7–28）

图7–28

4. 上动不停，我方左脚落步，再发右脚，脚跟发力，蹬击敌方下颌。（图7-29）

图7-29

十二、无影追魂

【实战分解】

1. 我方主动进攻，左脚前移，右脚猛进，接近敌方；同时，右掌前穿，戳击敌方双目。敌方后撤左步，上抬左臂，架开我方右掌。（图7-30）

图7-30

2. 随即，我方左腿紧跟，猛力蹬击敌方下颌，致其受伤，仰身失势。（图7-31）

图7-31

3. 上动不停，我方左脚向前踏落，将敌逼退。左脚落地踏实之际，右脚紧跟着对准敌方腹部蹬出。（图7-32）

图7-32

十三、劈挂追魂

【实战分解】

1. 我方左脚前移，右脚紧随，左掌迅速前劈敌方脸部。敌方后撤，右臂格挡我方左腕，化开我方攻击。（图7–33）

图7–33

2. 随即，我方左掌抓拿其手后拉，右脚前垫，左腿乘机踹击敌方右肋。（图7–34）

图7–34

3.上动不停，我方左脚落步，右腿迅疾踢出，蹬击敌方下颌，致其受伤，身向后仰。（图7–35）

图7–35

4. 随即，我方右脚顺势向前压落，劈击敌方胸部。（图7–36）

图7–36

十四、幻影藏锋

【实战分解】

1. 敌方右脚跨步，踏入我方中门，右拳劈砸我方脸部。我方左脚迅疾向左闪跨，向左倾身，避过敌拳。（图7-37）

图7-37

2. 我方闪过瞬间，即借敌前扑之势，猛地提起右膝，横撞敌方胸部。（图7-38）

图7-38

3. 上动不停，我方右腿顺势下伸，蹬踢敌方裆部。（图7–39）

图7–39

十五、幻影门槛

【实战分解】

1. 敌方移步进身，右腿踹击我方脸部。我方左脚迅疾向左外侧闪跨，向左倾身，避过敌腿。（图7–40）

图7–40

2. 随即，我方借势猛然提起右膝，前顶敌方胸部。敌方右腿收落，吞身避躲，右手拍按我方右膝，阻截我方攻击。（图7-41）

图7-41

3. 上动不停，我方右脚猛然前伸，蹬击敌方裆部。（图7-42）

图7-42

十六、败步回杀

【实战分解】

1. 敌方跨步进身，右拳劈砸我方头部。我方见其来势凶猛，急收左脚之际，右脚向右外侧闪跨，右转偏身，避过敌方拳击。（图7-43）

图7-43

2. 敌方左拳紧随横抄，迎向我方脸部。我方左脚迅疾向右盖步，避过敌拳之际，向左旋身，左掌挑托敌方左肘。（图7-44）

图7-44

3. 上动不停，我方借势回身，左腿扫击敌方左耳。（图7-45）

图7-45

十七、移形换位

【实战分解】

1. 敌方前移进身，右脚蹬踢我方下颌。我方急收左脚之际，右脚向右外侧闪跨一步，避过敌方攻击。（图7-46）

图7-46

2. 敌方顺势右步踏落，左鞭腿横踢我方右肋。我方右脚迅疾外摆，左脚向右盖步，避过敌方扫踢。（图7–47）

图7–47

3. 随即，我方迅疾回身，左腿蹬击敌方左肩。（图7–48）

4. 上动不停，我方左脚收落，向左旋身，右腿猛力扫踢敌方左小腿，将其踢翻于地。（图7–49）

图7–48

图7–49

十八、幻影搜裆

【实战分解】

1. 敌方右脚抢步，右拳冲击我方脸部。我方左脚迅疾向右盖步，偏身避过敌拳。（图7-50）

图7-50

2. 随即，我方向左回身，左掌反划敌方右腕，左脚侧踹敌方右肋。（图7-51）

图7-51

3. 上动不停，我方左脚迅疾落地，右腿鞭踢敌方裆部。（图7–52）

图7–52

十九、脱袍换位

【实战分解】

1. 敌方前移，右腿蹬踢我方脸部。我方左脚迅疾向右盖步，偏身避过敌腿攻击。（图7–53）

图7–53

2. 随即，我方左腿借势回踹，脚跟发力，踹击敌方裆部。（图7–54）

图7–54

3. 上动不停，我方左脚迅疾收落，向左旋身，右腿猛力扫踢敌方左膝，将其踢倒。（图7–55）

图7–55

二十、潜龙搅尾

【实战分解】

1. 敌方插步进身，猛起左腿，踹击我方脸部。我方见敌方来势凶猛，右脚迅疾退步，屈膝下蹲，头向后仰，避过敌方腿击。（图7–56）

图7–56

2. 随即，我方后收左脚，左旋俯身；同时，右脚向前横扫敌方右小腿。（图7–57）

图7–57

3. 上动不停，我方连击，右脚落步起身，右拳反劈敌方脸部。（图7–58）

图7–58

4. 继续攻击，我方右脚粘住敌方右腿，向上勾挂，将其踢翻。（图7–59）

图7–59

二十一、虎尾卷月

【实战分解】

1. 敌方右脚跨步进身，右拳冲打我方脸部。我方左脚迅疾撤退，仰身上挑左掌，拦格敌方右前臂。（图7-60）

图7-60

2. 随即，我方沉身，两脚换步，左脚踹击敌方右膝。（图7-61）

图7-61

3. 上动不停，我方左脚迅疾落步，向左旋身，右鞭腿猛力扫踢敌方头部。（图7-62）

图7-62

二十二、龙文鞭影

【实战分解】

1. 敌方插步进身，左腿踹击我方脸部。我方左脚迅疾后撤，避过敌腿。（图7-63）

图7-63

2. 不等敌方变招，我方急速向右旋身，左脚顺势踹击敌方右膝。（图7–64）

图7–64

3. 上动不停，我方左脚落步，向左旋身，飞起右腿，扫踢敌方嘴部。（图7–65）

图7–65

第八章

乾坤搜裆锁喉腿（十二腿）

乾坤门，内家武当派一大名门，所谓“采乾之灵气，以为功；取坤之灵态，以为拳”，故名。

此门讲究“虚实、动静，吞吐、浮沉”，有刚有柔，刚中寓柔，柔中寓刚，刚柔相济。

乾坤门因传承悠久，故分支较多，如“先天乾坤门”“乾坤一气门”“乾坤八卦门”“乾坤浑元门”“南乾坤门”“北乾坤门”等。

本章精选此门腿法12招，解析出来，献给读者练习，用于防身自卫。

搜裆锁喉腿，上锁咽喉下搜裆，一上一下，有阴有阳，招法多变；攻击犀利，专寻要害，实用高效。一旦练熟，踢敌立伤，可“一腿定乾坤”。

一、青蛇搜裆

【实战分解】

1. 敌方右脚跨步，左拳击打我方脸部。我方乘敌方刚刚进身，迅疾迎上，右掌向里拦格，右腿顺势弹踢敌方裆部，攻防兼具。（图8-1）

图8-1

2. 上动不停，我方右脚落步，左掌佯攻敌方上盘；同时，迅疾弹出左脚，踢击敌方裆部。手法为虚，助力造势；腿法为实，两次弹击。（图8-2）

图8-2

二、回马封喉

【实战分解】

1. 敌方右脚跨步，右拳击打我方脸部。我方稍微仰身避过，左腿顺势踢出，以左脚尖点击敌方咽喉。（图8–3）

图8–3

2. 上动不停，我方左脚落步，向左旋身，右脚侧铲，用脚掌外侧割击敌方咽喉。（图8–4）

图8–4

三、金蛇戏尾

【实战分解】

1. 敌方右脚跨步，右拳击打我方脸部。我方迅疾上抬左拳，架敌前臂；同时，右脚顺势弹踢敌方裆部。（图8-5）

图8-5

2. 上动不停，我方右脚收落，左脚迅疾弹踢，以脚尖伤敌咽喉。上下两弹，致敌难防。（图8-6）

图8-6

四、野驴脱缰

【实战分解】

1. 敌方右脚跨步，右拳击打我方脸部。我方见敌方来势凶猛，迅疾将左脚向右盖步，偏身躲避敌拳。（图8-7）

图8-7

2. 敌拳落空。我方不待其变，快速踢起左腿，反身后撩，伤敌腹部或裆部。（图8-8）

图8-8

3. 上动不停，我方左脚迅疾落步，向左旋身，右脚顺势弹踢敌方裆部。（图8–9）

图8–9

五、霸王敬酒

【实战分解】

1. 敌方右脚跨步，右拳击打我方脸部。我方稍略吞身，左掌由外向内拍格敌方右腕，右掌前穿戳击敌方咽喉；同时，右腿点踢敌方裆部。（图8–10）

图8–10

2. 随即，我方右脚落步，向右旋身，猛起左脚侧蹬敌方裆部。（图8–11）

图8–11

3. 上动不停，我方左脚迅疾收落，随即右步前垫，左脚再度探击敌方咽喉。一脚两踢，下踢裆部，上踢咽喉，上下翻飞。（图8–12）

图8–12

六、三闯龙门

【实战分解】

1. 敌方左脚前移，右弹腿踢击我方腹部。我方左脚迅疾撤退，身略左转，右腿提膝拦截；同时，右拳下砸敌方右腿。（图8-13）

图8-13

2. 随即，我方右腿伸膝，顺势蹬击敌方裆部。（图8-14）

图8-14

3. 上动不停，我方右脚稍收即弹，脚尖发力，踢击敌方裆部。一脚连踢，短中加长，主攻裆部，防不胜防。（图8-15）

图8-15

七、卧龙摆尾

【实战分解】

1. 敌方左脚前移，右腿蹬踢我方脸部。我方左脚外闪，迅疾蹲身，上体左倾，避过敌腿。（图8-16）

图8-16

2. 上动不停，出其不意，我方向左卧地，右脚顺势勾踢敌方裆部。（图8-17）

图8-17

八、白马献蹄

【实战分解】

1. 敌方右脚跨步，左拳击打我方脸部。我方迅疾向左转体，乘敌刚来之际，顺势用右脚跟撩踢敌方裆部。（图8-18）

图8-18

2. 上动不停，我方右脚落步，向左体转，再将左脚跟向后蹶踢敌方裆部。翻身连续撩踢，奇袭下盘取胜。（图8–19）

图8–19

九、黑虎登山

【实战分解】

1. 敌方右脚跨步，左拳击打我方脸部。我方上体迅疾右偏闪过，前提左拳封拦敌方左臂；同时，右脚蹬击敌方裆部。（图8–20）

图8–20

2. 右脚顺势收步，左脚乘机蹬出，踢击敌方裆部。（图8-21）

3. 上动不停，我方左脚落步，再起右脚蹬击敌方裆部。同时右拳下落抒裆，左臂往头部右前上方上举护头。（图8-22）

图8-21

图8-22

十、长剑封喉

图8-23

【实战分解】

1. 敌我对峙，我方抢攻，见机以左弹腿放长踢远，直奔敌方咽喉。（图8-23）

2. 上动不停，我方左脚收落，向左转体，猛踢右腿，侧踹敌方咽喉。（图8-24）

图8-24

十一、灵蛇绕梁

【实战分解】

1. 敌方左脚前移，右脚蹬击我方裆部。我方在敌方来腿将及之际，略退左步，闪开其招；同时，顺势用右腿挑挂敌方右腿，踢散蹬腿直劲。（图8-25）

2. 上动不停，我方迅疾向左转身，右脚转圈，顺势用脚后跟反撩敌方裆部。（图8-26）

图8-25

图8-26

十二、神犬滚堂

【实战分解】

1. 敌方左脚前移，左拳击打我方脸部。我方向后滑步，屈膝下蹲，上体前俯，低头闪避。（图8–27）

图8–27

2. 随即，我方两手迅疾撑地，用力向前翻滚，两腿顺势向上摆起，迫使敌方后撤。（图8–28）

图8–28

3. 我方臀部着地之际，右脚迅疾伸出，正蹬敌方裆部。（图8–29）

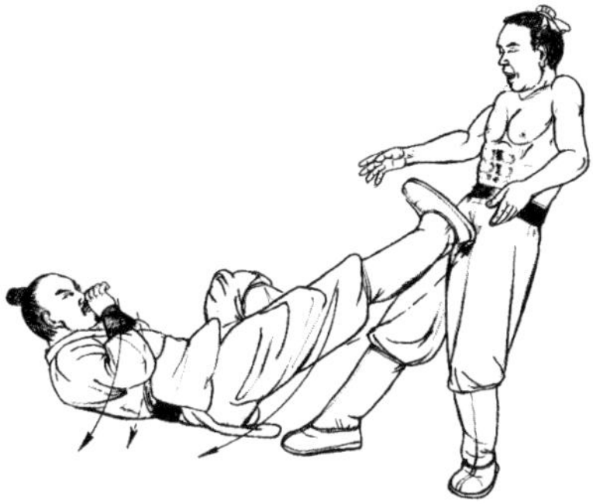

图8–29

4. 上动不停，我方顺势右转，右腿贴地，两手撑起；同时，起左脚侧蹬敌方裆部。出其不意，正侧两蹬，踢敌裆部。（图8–30）

图8–30

第九章

秘传猿猴奇形腿（十八腿）

象形拳，是模拟各种动物的特长或形态，以及表现人物搏斗形象或生活形象的拳术，其结合武术动作，引人入胜，妙趣横生，是中华武术的一大奇珍。

内家象形拳，结合内家心法意诀，更具内劲，劲法细腻，后发制人，多变莫测。如猴拳、鹰拳、蛇拳、虎拳、螳螂拳、鱼拳、鸭形拳、龙形拳，以及三丰拳、八仙拳、醉拳等。

武当山风景奇秀，其中猿猴更是拳家的仿生对象，拳路较多。据《江南经略》记载，内家有猿猴三十六路拳，其中猿猴手十八路、猿猴腿十八路。

内家猿猴拳，吸取猿猴灵敏机智的优点，结合踢、打、摔、拿、跳跃、翻腾等技法，爪手抓拿，臂长击远，身步灵巧，脚法利索，收发自如，劲疾速快。

本章介绍猿猴十八腿，出招独特，奇异难防。其实战要诀曰："动如风来静如山，猴纵猱飞轻如燕。身柔步活急进退，躲闪窜奔变多端。起腿缠绕盘丝劲，撩扫蹬弹踢连环。疾如闪电敌难挡，莫测端倪赛灵猿。"

一、白猿出洞

【实战分解】

1. 敌方右脚跨步，右拳击打我方脸部。我方迅疾吞身，左步后收，左手上划，叼抓敌方右腕。（图9-1）

图9-1

2. 随即，我方右手前伸，协助左手擒拿敌方右臂；同时，右脚撩踢敌方裆部。（图9-2）

图9-2

二、白猿惊窝

【实战分解】

1. 敌方左脚跨步，右脚踢击我方腹部。我方迅疾向后缩身避过。（图9–3）

图9–3

2. 随即，我方一退即进，左脚前移，疾出右脚踹击敌方腹部。（图9–4）

图9–4

3. 上动不停，右脚向前踏落，上身前探，右爪顺势抓击敌方眼睛。（图9–5）

图9–5

三、白猿观山

【实战分解】

1. 敌方左步前移，右腿弹踢我方左膝。我方迅疾后移，左腿屈膝提起，避过敌脚，封闭要害。（图9–6）

图9–6

2. 随即，我方左脚乘势踹出，踩踏敌方右膝。（图9-7）

图9-7

3. 我方左脚顺势踏落，右脚前移，向前探身，右爪抓击敌方眼睛。（图9-8）

图9-8

四、猿猴跳涧

【实战分解】

1. 敌方上步进身，左拳横勾我方头部。我方迅疾后纵，沉身避过。（图9–9）

图9–9

2. 上动不停，我方借势，腾身跳起，左脚凌空蹬踢敌方下颌或胸部。（图9–10）

图9–10

3. 乘敌受击之际，我方右脚落地，顺势探身，右爪抓击敌方眼睛。（图9-11）

图9-11

五、玩猴捕蝶

【实战分解】

1. 敌方右进步，右冲拳击打我方脸部。我方左臂向上挑格敌方右臂内侧之际，顺势前探左爪，抓击敌方眼睛。（图9-12）

图9-12

2. 随即，我方右脚上进一步，沉身跪步；同时，右爪撩抓敌方裆部。（图9-13）

3. 紧接着，收右爪，弹左脚，伤敌裆。（图9-14）

图9-13

图9-14

4. 上动不停，我方左脚收落，疾出右脚，猛劲踹踢敌方小腹。（图9-15）

图9-15

六、猿猴踢瓜

【实战分解】

1. 敌方前移，猛然飞出右脚，踢击我方裆部。我方迅疾后纵躲避，顺势左脚前踏，阻截敌方右脚。（图9-16）

图9-16

2. 不等敌方变招，我方左脚猛踏敌方左脚，借势腾身而起，右脚箭弹敌方咽喉。（图9-17）

图9-17

七、小猴溜阵

【实战分解】

1. 敌方滑步进身，右拳击打我方脸部。我方上体右转倾俯，右脚向右跳步避敌方右拳；同时，左脚向后反撩敌方裆部。（图9–18）

图9–18

2. 上动不停，我方向左旋身，左脚落步；同时，右脚鞭踢敌方左肋。（图9–19）

图9–19

八、猿猴踏浪

【实战分解】

1. 敌方进右步，出右拳击打我方脸部。我方仰面避过之际，提起左腿猛劲踹击敌方右肋。（图9-20）

图9-20

2. 随即，我方左脚收落，右脚向前踩踏敌方右膝。（图9-21）

图9-21

3. 上动不停，我方右脚抵住敌方右膝不收，粘劲下踩，至其膝伤，跪地难起。（图9-22）

图9-22

九、猴儿戏桃

【实战分解】

1. 敌方上右步，右拳击打我方脸部。我方双手向上一划，拦截之际，疾出右脚，弹踢敌方裆部。（图9-23）

图9-23

2. 上动不停，我方不等敌变，右脚迅疾落步，再飞左脚，弹踢敌方裆部。（图9–24）

图9–24

十、白猿卧莲

【实战分解】

1. 敌方进右步，右手向我方头部击打而来。我方突然向左卧身；同时，右脚顺势弹踢敌方裆部，出其不意。（图9–25）

图9–25

2. 随即，右脚落地，立即起身；同时，左爪撩抓敌方裆部，右手上划防护。（图9–26）

图9–26

3. 上动不停，我方左爪抖劲一拽，迅速收手，右脚飞出，撩踢敌方裆部。（图9–27）

图9–27

十一、猿猴攀藤

【实战分解】

1. 敌方突然进步，右鞭腿横扫我方头部。我方左脚迅疾后撤，沉身下蹲，避过敌腿。（图9–28）

图9–28

2. 随即，我方借势，速起右脚弹踢敌方腹部。敌方右腿后收，两手接我方右脚，欲使擒拿。（图9–29）

图9–29

3. 我方右脚迅疾下拉，左脚蹬地腾空而起。（图9-30）

4. 我方身体在空中右旋，猛伸左腿，蹬击敌方脸部，将其重创。（图9-31）

图9-30

图9-31

十二、猿猴戏尾

【实战分解】

1. 敌方进身，左脚踹踢我方左膝。我方迅疾后移，左腿屈膝提起，避过敌方腿击。（图9-32）

图9-32

2. 上动不停，我方借提膝之势，右脚飞起，扫踢击敌方头部。敌方左步后退，仰身避躲。（图9–33）

图9–33

3. 随即，我方顺势向右旋身，右脚落地，左腿乘机后蹬敌方裆部。（图9–34）

图9–34

十三、灵猿舒臂

【实战分解】

1. 敌方前移，右脚正蹬我方脸部。我方迅疾缩身，仰身避过。（图9–35）

图9–35

2. 随即，我方左脚提起，顺势蹬踢敌方腹部。（图9–36）

图9–36

3. 上动不停，我方左脚落步，身体右转，右脚向后撩出，踢击敌方裆部。（图9–37）

图9–37

十四、猿猴坠枝

【实战分解】

1. 敌方右步前进，右拳冲击我方脸部。我方迅疾收步，沉身成猴蹲势，避过敌拳。（图9–38）

图9–38

2. 随即，我方左脚跨步，右脚后提，向前探身，右爪抓击敌方眼睛。敌方跳步换势，仰身避过。（图9–39）

图9–39

3. 上动不停，我方右脚向前落步，屈膝下蹲之际，左脚提起向下踹击敌方右踝，致其倒地。（图9–40）

图9–40

十五、白猿挂印

【实战分解】

1. 敌方前移，猛起右腿，鞭踢我方头部。我方右脚迅疾向右闪步，沉身避过敌腿。（图9-41）

图9-41

2. 随即，我方向左转身，左脚外展，右脚向前上横扫敌方耳门。（图9-42）

图9-42

3. 上动不停，我方右脚收落，上体右转，提起左脚踹击敌方右膝，将其踢倒。（图9-43）

图9-43

十六、灵猿翻身

【实战分解】

1. 敌方前移，右腿踹击我方胸部。我方迅疾向右倒身，避过敌腿。（图9-44）

图9-44

2. 不等敌变，我方两手撑地，左脚迅疾蹬踢敌方裆部。敌方右脚后收，向右旋身，避过我方左腿。（图9-45）

图9-45

3. 我方迅疾左旋俯身，左脚落地，起右脚向后蹬踢敌方腹部或裆部。敌方退步，用两手抓住我方右脚，欲使擒拿。（图9-46）

4. 我方右脚猛然一收，向左旋身，左脚借力腾空而起，向上摆踢敌方头脸部。（图9-47）

图9-46

图9-47

十七、顽猴拽蛇

【实战分解】

1．敌方前移，右脚蹬踢我方裆部。我方左脚迅疾向右盖步，沉身右倾，左手反划撩挂敌方右脚。（图9-48）

图9-48

2．敌方借势落步，左脚飞起踹击我方头部。我方向左旋身，左脚后撤绕步，蹲身避过敌方左腿。（图9-49）

图9-49

3. 随即，我方右脚上前一步，两手捞抱住敌方右踝关节，猛然起身，将敌摔倒。（图9–50）

图9–50

4. 上动不停，我方右脚顺势向前踩踏敌方裆部。（图9–51）

图9–51

十八、猿猴扒竿

【实战分解】

1. 敌方右脚进步，左拳冲击我方脸部。我方左脚迅疾后撤，沉身避躲；同时，右爪向前上划，抓敌左拳。（图9-52）

图9-52

2. 随即，我方右脚前移，左手前伸，协助右手擒拿敌方左臂；同时，向右旋身，左脚铲击敌方小腹。（图9-53）

图9-53

3. 接着，我方左脚落地，向右旋身，左肩斜扛敌方左臂，将其背起。（图9–54）

图9–54

4. 上动不停，我方两手继续向右下旋拽，右脚向后退步，将敌方摔跌于地。两手可继续旋扭，伤敌左臂。（图9–55）

图9–55

第十章

龙形凌空高飞腿（十六腿）

龙者，天上可飞，地上可行，水里可游，无所不能，是中华民族的伟大图腾与象征。

武当派有很多与龙相关的秘传绝技，如“武当龙拳”“太和龙形拳”“内家金龙拳”“武当龙华拳”“太乙游龙拳”“龙形十八腿”“太乙游龙腿”“飞龙拳法”“龙形擒拿手”“龙形点穴手”“内家龙爪手”“全真龙门拳”“形意龙形”“潜龙养气功”“潜龙内丹功”“太乙游龙功”“太和龙形剑”等，有拳法，有功夫，有技击，有器械，丰富多彩，争奇斗艳。

这些武功，虽然练法不一，各有偏重；而其理同道，心法相似，多模拟龙形，象形取义，练形成技。

所谓“势若游龙，夭矫难测，技法多变，幻化多端”；“龙拳，即取龙之灵而练神也。龙形者，进退圆活，拳脚巧捷。静如潜龙在渊，动如飞龙在天”；“见空即进似龙取水，扭拧折叠如龙翻身。窜蹦跳跃如龙行空，腾云驾雾如龙飞腾”；“龙形变化显神通，吞云吐雾势如虹。疾如暴雨狂风起，圆活巧妙神气融”；“吞吐兼施拳脚灵，浮沉上下神鬼惊。出波无踪影难见，神光一盏贮黄庭”……

编者为了给读者提供武当龙形腿法，收集了很多资料，取精用弘，成此16招，举例解析。

本章全是飞踢，先发制人，抢机急进，凌空发力，脚到敌废。

一、神腿双飞

【实战分解】

1. 与敌对峙，我方强攻，两脚迅疾向前腾空跃起。（图10–1）

图10–1

2. 我方以迅雷不及掩耳之势，两腿猛伸，踹击敌方前胸，致其重创跌出。（图10–2）

图10–2

二、飞剑穿喉

【实战分解】

1. 我方强攻，两脚蹬地跳起，左膝飞撞敌方脸部。敌步后滑，仰身避躲。（图10-3）

图10-3

2. 我方不可稍停，左膝猛然一收，右脚以脚尖凌空发力，弹击敌方咽喉。（图10-4）

图10-4

三、一字横空

【实战分解】

1. 我方强攻，见机跳起，右飞膝撞击敌方脸部。敌步后滑，躲避膝击。（图10–5）

图10–5

2. 上动不停，我方身在空中，两腿展伸，左腿后蹬助力，右腿前蹬发力，踢敌胸部。（图10–6）

图10–6

四、龙卷狂风

【实战分解】

1. 我方右脚前跨，左脚顺势向前上蹬踢敌方脸部。敌步后滑，退身避过。（图10-7）

图10-7

2. 我方迅疾下压左腿，右脚蹬地腾空而起。身体随即左转，左腿屈膝略收，右脚向前横扫敌方头部。（图10-8）

图10-8

五、长虹贯日

【实战分解】

1. 我方左步一进，右脚随即前蹬敌方腹部。敌方向后滑步，避过我腿。（图10-9）

图10-9

2. 上动不停，我方右腿猛地屈膝后收，左脚趁势蹬地跳起，身体腾空踹击敌方脸部，将其踹跌而出。（图10-10）

图10-10

六、龙卷长风

【实战分解】

1. 我方右脚垫步，上体左转，左脚顺势向后上反撩，踢击敌方胸部。敌方撤身，向后滑步，避过我方左腿。（图10-11）

图10-11

2. 上动不停，我方左腿屈膝一收，右脚随即蹬地腾空跳起，身向左旋，右脚向前横扫敌方头部，将其击倒。（图10-12）

图10-12

七、乌龙摆尾

【实战分解】

1. 我方右脚前跨，左腿猛然屈膝上提，身体腾空跃起，右腿向前横扫敌头部。敌方沉身下坐，避过我方右腿。（图10-13）

图10-13

2. 我方身在空中，不停，两腿屈膝内收，向左转体。（图10-14）

图10-14

3．动作继续，我方身体在空中左转约一周，左腿后伸蹬出，踢敌腹部。跟踪追击，一气呵成。（图10-15）

图10-15

八、乌龙绞柱

【实战分解】

1．我方左脚向敌下盘虚踢，敌方摆转左步躲避。我方迅疾扑身，左掌按地，向左旋身，身体倒立，右脚划弧向下勾踢敌方左颈。（图10-16）

图10-16

2. 上动不停，我方倒立向右旋转，右掌按地伸臂，左腿随之反扫敌方后脑。招法独特，防不胜防。（图10–17）

图10–17

九、蛰龙升天

【实战分解】

1. 敌方踢出右鞭腿，横踢我方腹部。我方向右转身，两脚顺势蹬地腾空而起，避过敌腿。（图10–18）

图10–18

2. 上动不停，我方身在空中，身体猛然右旋，两腿分蹬，右脚反踢敌方后脑或后背。（图10-19）

图10-19

十、龙卷长风

【实战分解】

1. 我方腾空而起，左腿向前反扫敌方头部。敌方向后滑步，沉身下坐，避过我方左腿。（图10-20）

图10-20

2. 上动不停，我方在空中向左旋转，以右脚再扫踢敌方头部。（图10-21）

图10-21

十一、一柱擎天

【实战分解】

1. 敌方腾空而起，如鹰展翅，向我方扑来。我方迅疾向右旋身，两脚换步，头向左扭，注视敌方。（图10-22）

图10-22

2. 敌方将扑到之际，我方左腿猛劲向上蹬出，迎击敌方腹部。（图10-23）

图10-23

十二、黑龙追魂

【实战分解】

1. 我方跑步向前接近敌方，猛然腾身飞起；同时，左腿踹击敌方脸部。敌方向后仰身，两臂屈肘相并，用前臂阻截我方左脚。（图10-24）

图10-24

2. 我方身在空中，向右旋体，左脚发力，翻转蹬击，伤敌咽喉。（图10–25）

图10–25

3. 上动不停，我方在空中借左脚蹬抵之劲，身体猛然右转；同时，右脚向后扫踢而出，击敌头部。（图10–26）

图10–26

十三、猛龙升天

【实战分解】

1. 我方左脚向前一步之际，突然沉身，右腿向前横扫敌方下盘。敌方匆忙腾空跃起，避过我方右腿。（图10–27）

图10–27

2. 我方右脚随即落步，向左转体，左腿向后撩起，踢击敌方腹部。敌方落地后退，避过我方左腿。（图10–28）

图10–28

3. 上动不停，我方左腿顺势向左划落，右脚急忙蹬地腾身而起，脚尖勾起，脚跟发力，蹬踢敌方下颌。（图10–29）

图10–29

十四、龙旋鞭影

【实战分解】

1. 我方向前一步，疾出右脚，撩踢敌方裆部。敌方后撤，避过我方右脚。（图10–30）

图10–30

2. 我方右脚随即向前踏落；同时，向左转身，左腿屈膝向上猛提，欲起飞脚。（图10–31）

图10–31

3. 上动不停，我方乘势腾空而起，向左转身，右脚猛力横扫敌方头部，将敌踢跌而出。（图10–32）

图10–32

十五、风驰电掣

【实战分解】

1. 敌方滑步进身，左拳击打我方脸部。我方屈腿向后、向上腾空跃起，避开敌拳。（图10-33）

图10-33

2. 上动不停，我方右腿在空中伸踢而出，放长击远，重踹敌身。（图10-34）

图10-34

3. 在空中，我方右腿借踹劲屈膝稍收，左脚从右腿下向前撑出，再次踹敌。（图10–35）

图10–35

4. 上动不停，我方左腿借势屈收，右脚迅疾向前再度踹击敌方。空中三踹，连续重踢。（图10–36）

图10–36

十六、铁腿旋风

【实战分解】

1. 我方向前冲击，飞身而起，左腿外摆，踢击敌方头部。敌方撤退，仰身躲避。（图10-37）

图10-37

2. 上动不停，我方借左腿摆劲惯性，右脚里合，扫击敌方头部，将敌踢倒在地。（图10-38）

图10-38